TODO SALAMANCA

Texto: M.ª Leticia Sánchez Hernández

Fotógrafo: Manel

3ª Edición, Junio 1995 - I.S.B.N. 84-378-1592-4 Dep. Legal. B. 24740-1995

Impreso en la C.E.E.
FISA - Escudo de Oro, S.A.

Editorial Escudo de Oro, S.A.

Vista general de Salamanca, según un grabado antiguo.

INTRODUCCION

Salamanca está considerada como una de las ciudades más importantes de España por su acervo histórico, artístico y cultural. Desde los tiempos prehistóricos hasta nuestros días, la ciudad salmantina ha presenciado el paso de las civilizaciones más importantes de la península, ha levantado edificios religiosos y civiles, que son la cumbre del arte español y europeo, y se ha convertido en un centro cultural de la máxima importancia, gracias a la labor realizada por sus dos Universidades.

Este libro pretende mostrar una panorámica de esta excepcional ciudad, para ofrecer al visitante un conocimiento lo más completo posible, aunque forzosamente somero, de la misma. En primer lugar, se expone una pequeña síntesis de la historia de la ciudad. En segundo lugar, se efectúa un recorrido por los monumentos salmantinos, que se han agrupado en los siguientes bloques: los edificios religiosos (donde se incluyen las catedrales, iglesias y conventos), las universidades y los colegios, los palacios y casas (edificios civiles), las construcciones singulares, las plazas y jardines, y los museos. Por último, se ofrecen unas notas sobre las fiestas populares, la artesanía y gastronomía.

HISTORIA DE LA CIUDAD

La historia de Salamanca comienza con los asentamientos prehistóricos a orillas del río Tormes. Posteriormente estuvo habitada, según la tradición, por tres importantes civilizaciones, que se fueron sucediendo unas a otras: ligures, celtas e íberos. Concretamente, de los celtas se conserva todavía uno de los verracos, que tanto abundan en la meseta, situado cerca del puente romano, que se convirtió desde tiempos inmemoriales en símbolo de la ciudad, y hoy día forma parte del escudo de la misma. Pero fue, precisamente, con la última cultura citada, en el siglo III a.C., cuando Salamanca quedó definida como incipiente urbe, que se desarrollaría plenamente a lo largo de las centurias siguientes; de esta época permanece, en bastante buen estado, la llamada puerta de Aníbal, que recuerda las luchas que tuvieron lugar entre romanos y cartagineses.

Dentro de las dominaciones sucesivas que ha sufrido Salamanca, destacamos la colonización romana, que la incluyó en la provincia de la Lusitania y la engrandeció con monumentos que todavía pueden contemplarse, como el puente romano, algunos restos de las murallas y la famosa Vía (o Camino) de la Plata.

Durante el período visigodo el nombre se trasformó en Salmantica y se comenzó a acuñar moneda a partir del reinado de Recaredo. Con Leovigildo se produjo la llegada de algunos nobles a la ciudad con la intención de someter a los habitantes sublevados ante el nuevo poder.

La invasión árabe dio lugar al asentamiento de un enclave sarraceno, que logró ser arrebatado por Alfonso I de León cuando luchaba por liberar del invasor las ciudades situadas al sur del Duero. Estando en poder del monarca cristiano, Salamanca fue sitiada en varias ocasiones por los árabes, que trataban de recuperar su dominio: primero, Abderrhaman, en el año 930, que sería derrotado por Rami-

El Sello de la Universidad esculpido en la clave de la bóveda.

Escudo del Ayuntamiento salmantino.

La mejor forma de entrar en Salamanca, a pie, por el puente romano que nos abre sus brazos; al fondo nos esperan las catedrales.

ro; después, en el 981, Almanzor, que la sometió y causó en ella grandes estragos, hasta que Alfonso VI logró arrebatársela definitivamente a los árabes, encomendando su repoblación al conde Raimundo de Borgoña, en 1102.

No se puede olvidar que Salamanca ha estado siempre unida a su sede episcopal, que se remonta al 589, aunque después de la invasión árabe los prelados de la ciudad se refugiaran en Oviedo. Alfonso VI volvió a restaurar la sede en 1102, coincidiendo con la repoblación citada, en el mismo emplazamiento de la sede visigoda, en la que se comenzó a construir la catedral románica de Santa María.

Desde el momento en que se publicó el decreto repoblador, Salamanca fue ocupada por distintos grupos, que se establecerían en barrios perfectamente delimitados: los castellanos ocuparon el norte; los toreses, el este; los serranos y montañeses, el oeste; los portugueses y gallegos, los barrios centrales; y los mozárabes y judíos, la zona meridional. La gran diversidad de pobladores hizo que Salamanca se constituyera en siete barrios o colaciones, al frente de los cuales existía un gobierno vecinal compuesto por un alcalde y un jurado, así como por las parroquias correspondientes a cada demarcación. Semejante disparidad de habitantes provocó serios disturbios, con graves enfrentamientos entre las distintas etnias, que dieron lugar, entre otras cosas, a la derrota que sufrieron las huestes salmantinas, en 1137, frente a los árabes. Este suceso hizo que el conde Ponce de Cabrera aleccionara a los habitantes, y les conminara a que se sometieran unánimemente a su autoridad con el fin de evitar futuros desastres.

*Las catedrales se miran coquetas en las cristalinas
aguas del río Tormes.*

Durante la Edad Media, Salamanca se fue paulatinamente erigiendo en un centro religioso y universitario de gran envergadura: la construcción de las catedrales, la fundación de la Universidad, y la erección de múltiples conventos y colegios universitarios, hizo de ella una ciudad de enorme fama visitada por ilustres personajes. Así, por ejemplo, entre los hechos más relevantes de ésta época, conviene señalar el bautizo de Alfonso XI en la catedral, la ubicación del cuartel general de las tropas de Juan II de Portugal en 1410, y las constantes predicaciones y lecciones magistrales de los más afamados predicadores y profesores del momento. Sin embargo, la ciudad no pudo sustraerse a los sucesos del turbulento siglo XIV, y fue testigo de los sangrientos acontecimientos acaecidos entre familias rivales que luchaban abiertamente, y de los tristes enfrentamientos entre los bandos de Santo Tomé y San Benito en el Corrillo de la Hierba. En 1467, Enrique IV, con el fin de premiar los servicios recibidos de los salmantinos, dotó a la ciudad con la celebración de una feria franca en la primera semana de septiembre. También, los Reyes Católicos, en el año 1497, concedieron franquicias y privilegios a los rivales bandos de San Benito y Santo Tomé, y, especialmente, la reina Isabel honró a la ciudad con numerosas visitas.

Dentro del siglo XVI, Salamanca fue la primera ciudad cuyos diputados negaron el subsidio que Carlos V pidiera, en 1516, para dominar la situación en los Países Bajos; este acto le costó el destierro de sus representantes y la privación del voto en Cortes. Asimismo, participó activamente en la guerra de las Comunidades de Castilla aportando 6000 infantes.

Las aguas del Tormes se estremecen ante tanta belleza, a la vez que ofrecen al viajero la posibilidad de navegar en ellas.

Su carácter eminentemente universitario le ha servido para identificarse, de forma específica, en el conjunto de las ciudades españolas más importantes como Sevilla, Valladolid, Granada, Toledo, Santiago, Medina del Campo y, posteriormente, Madrid y Alcalá. Esta relevancia ha hecho que se viera constantemente visitada por los monarcas de las Casas de Austria y de Borbón. A la mencionada visita de la Reina Católica, siguieron la del emperador Carlos V, en 1534; la de su hijo Felipe II, que celebró en ella sus primeras bodas con María de Portugal, en 1543; la de Felipe III y Margarita de Austria, en 1600, que dotaron a la ciudad, como veremos más adelante, con importantes fundaciones religiosas; y, ya en el siglo XVIII, la de Felipe V tras la guerra de Sucesión. Fue, precisa-

mente, con el advenimiento de la nueva dinastía Borbónica, en 1700, cuando Salamanca se puso incondicionalmente de parte del rey francés frente a las pretensiones dinásticas del archiduque austríaco.

Como último hecho relevante que tuvo lugar en la ciudad castellana, destacamos su participación en la guerra de la Independencia, cuando, en 1809, fue invadida por los franceses; después de unos años de dominio y saqueo de importantes edificios, los franceses fueron derrotados por Wellington en la batalla de Salamanca o de los Arapiles, el 22 de julio de 1812. Aparte de los acontecimientos marcados, Salamanca ha participado en el curso de la historia de España desde los comienzos de su fundación hasta nuestros días.

Monumento a Miguel de Unamuno. ▷

Monumento al Lazarillo de Tormes. ▽

VISION GENERAL DE SALAMANCA Y LOS SALMANTINOS

Salamanca puede muy bien definirse como un museo arquitectónico. Toda la ciudad es susceptible de ser paseada para admirar cada recodo, cada plaza, cada calle, cada iglesia y cada palacio, que brindan hermosas portadas, impresionantes blasones y bellas rejerías que, a su vez, trasladan al viajero a las leyendas e historias de otros tiempos. No en vano muchos literatos y poetas han situado en ella la acción de sus novelas y se han inspirado en sus calles y parajes para componer sus versos: "El lazarillo de Tormes", los versos de fray Luis de León, "El Estudiante de Salamanca" de Espronceda, el viaje de Antonio Ponz, las impresiones narradas por Miguel de Unamuno, y las crónicas recogidas por sus historiadores más ilustres como González Dávila, Dorado, Falcón y Villar Macías. Ya en el siglo XX no podemos olvidar a Tormo, Gómez Moreno, Camón Aznar, Sánchez Cantón, Rodríguez G. de Ceballos, Chueca Goitia y Gaya Nuño, que constituyen, entre otros, los tratadistas más importantes que han escrito sobre esta ciudad.

Salamanca está considerada como ciudad escuela, universitaria y cortesana. Todos sus monumentos contribuyen a la manifestación de lo que ha sido y es su carácter histórico y cultural. Las dos catedrales, la Vieja y la Nueva, que escasas ciudades pueden enorgullecerse de poseer, expresan lo que fueron el románico, el gótico, el renacimiento y el barroco; el convento de San Esteban y la fachada de la Universidad ofrecen el más puro plateresco español; los múltiples patios salmantinos como el de Escuelas o el del Colegio Fonseca, y los claustros como el de las Dueñas o del antiguo Colegio de la Compañía de Jesús, hoy Universidad Pontificia, y tantos otros, contienen bellos rincones ocultos a la vista, renacentistas y barrocos la mayoría de ellos, que resaltan por sus arcadas, sus columnas y los extraordinarios capiteles esculpidos; qué decir de todos los magníficos retablos de iglesias

(Páginas 8/9) Foto aérea de ambas Catedrales.

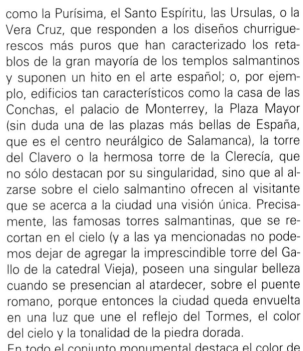

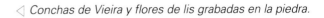

como la Purísima, el Santo Espíritu, las Ursulas, o la Vera Cruz, que responden a los diseños churriguerescos más puros que han caracterizado los retablos de la gran mayoría de los templos salmantinos y suponen un hito en el arte español; o, por ejemplo, edificios tan característicos como la casa de las Conchas, el palacio de Monterrey, la Plaza Mayor (sin duda una de las plazas más bellas de España, que es el centro neurálgico de Salamanca), la torre del Clavero o la hermosa torre de la Clerecía, que no sólo destacan por su singularidad, sino que al alzarse sobre el cielo salmantino ofrecen al visitante que se acerca a la ciudad una visión única. Precisamente, las famosas torres salmantinas, que se recortan en el cielo (y a las ya mencionadas no podemos dejar de agregar la imprescindible torre del Gallo de la catedral Vieja), poseen una singular belleza cuando se presencian al atardecer, sobre el puente romano, porque entonces la ciudad queda envuelta en una luz que une el reflejo del Tormes, el color del cielo y la tonalidad de la piedra dorada.

En todo el conjunto monumental destaca el color de la piedra de los edificios, la denominada dorada y blanda piedra de las canteras del pueblo de Villamayor, que hacen posible que las fachadas, los capiteles, las ventanas y todos aquellos elementos susceptibles de ser decorados presenten unos relieves y unos detalles que muy bien recuerdan la labor de los plateros, y que ha merecido, por ello, que el estilo sea bautizado con el nombre de plateresco, que, sin duda alguna, es el estilo artístico que distingue a la ciudad. La monumentalidad de Salamanca no solamente se centra en las características arquitectónicas de sus edificios religiosos y civiles, sino que se encuentra también en las innumerables obras de arte que se guardan entre sus muros. Así, por ejemplo, las bellas capillas de las catedrales, el magnífico retablo de Nicolás Florentino de la catedral Vieja, el célebre tríptico de Juan de Flandes en el Museo de la Ciudad, o la "Inmaculada" de Ribera que preside el altar mayor de la iglesia de la Purísima de las agustinas recoletas.

Al mismo tiempo que el visitante va recorriendo los distintos monumentos de Salamanca, observando

Bello primer plano de la artística reja gótica de una de las ventanas de la Casa de las Conchas.

las fachadas de iglesias y palacios, y penetrando en el interior de los edificios para contemplar las obras de arte, percibirá un talante singular en la ciudad y en sus habitantes, que siempre ha sido apreciado por cuantos viajeros han pasado por ella y por los escritores que han dejado constancia de su espíritu. El centro vital de Salamanca se establece en torno a la Plaza Mayor, en la que se dan cita, tanto los nativos como los visitantes, para conversar, sentarse en las terrazas que se encuentran en torno a los soportales, realizar compras en los comercios de la propia plaza y de las calles adyacentes, o, simplemente, contemplar sus fachadas, principalmente la del Ayuntamiento. Este bullicio que se desarrolla en la plaza ha tenido su momento clave –hoy en día en menor medida– en el tradicional paseo que se hacía en torno a su perímetro, y bajo los soportales, de forma que las jóvenes paseaban en grupos en el sentido de las agujas del reloj, y los jóvenes en dirección contraria, produciéndose, en algunos momentos, los deseados encuentros. A esta tradicional costumbre hay que añadir, con el paso del tiempo, los conciertos que tienen lugar en el verano concentrando a centenares de jóvenes, la vida nocturna en torno a los bares y cafeterías de moda, o la reunión de los ganaderos de la provincia que de vez en cuando se concentran en la ciudad. La Plaza Mayor de Salamanca se caracteriza por ser un típico foro mediterráneo, en el que la vida de la ciudad se desarrolla en la calle, en el café, en torno a los comercios y los monumentos, donde, en definitiva, se gesta y se trasmite la cultura y la vida cotidiana.

A este ambiente hay que añadir el movimiento universitario que se desarrolla en el viejo barrio de la Universidad, y que impregna toda la ciudad. Los estudiantes venidos de otras ciudades españolas y extranjeras otorgan a Salamanca un espíritu joven y movido, que se une al talante investigador y al deseo de acoger a todos aquellos que vienen a vivir su período estudiantil. Salamanca, pues, se convierte en una ciudad plural y amable donde todos y todo tienen cabida. Por otro lado, sus tradicionales enseñanzas, principalmente en el ámbito de las Humanidades, además de situarla entre las Universidades

Plaza Mayor, detalle.

más prestigiosas del mundo, le han hecho tomar conciencia de la misión que tiene de transmitir los valores más profundos y arraigados de la cultura.

El aire universitario, religioso y ganadero que tiene la ciudad –fruto de sus tres elementos más relevantes: la Universidad, las instituciones religiosas, y los toros– han conformado el ambiente de la ciudad. Por otro lado, y en relación con sus habitantes, siempre se ha dicho que los castellanos en general, y los salmantinos en particular, tienen un carácter un tanto sobrio y severo; ciertamente que los nativos de Castilla, quizá por el clima y el paisaje que resultan algo duros y áridos, y al que la gente ha tenido que adaptarse a lo largo de los siglos, son personas que, al menos aparentemente, son austeras y parcas en palabras; sin embargo, son enormemente sinceros, generosos y deseosos de que el visitante se sienta a gusto en la ciudad. No hay duda de que los salmantinos son los que contribuyen, de forma excepcional, a hacer de Salamanca una ciudad cosmopolita, abierta y acogedora a cuantos desean visitarla.

La Plaza Mayor es el incomparable marco de reunión de la Ciudad.

Vista del Ayuntamiento tomada desde los soportales del Pabellón de San Martín. ▽

La bellísima Plaza Mayor, al atardecer.

DATOS GEOGRAFICOS

Salamanca está situada al suroeste de la Comunidad de Castilla y León, sobre las estribaciones del Sistema Central, y en una rígida penillanura compuesta por materiales graníticos, que apenas presentan desniveles. La altitud media sobre el nivel del mar es de 830 metros; se trata, por tanto, de tierras altas, si bien inferiores a las abulenses. La ciudad está atravesada por el río Tormes, que nace en la sierra de Gredos, y desemboca en el Atlántico, en la costa portuguesa.

La elevada altitud de la ciudad determina el clima, que se caracteriza por fuertes descensos de temperatura en invierno, y un bajo índice de precipitaciones a lo largo del año. Durante el verano, y debido a las masas de aire tropical, se padece una acusada aridez estival. Las temperaturas medias son de 3º en invierno, y 22º en verano, pudiéndose alcanzar, en algunas ocasiones, los 40º.

La Plaza Mayor se nos abre desde el Pabellón de Petrineros, frente el Pabellón Real, en cuyo centro está el Arco de S. Fernando.

Deslumbrante vista nocturna de toda la Plaza Mayor. (Págs. 16/17.)

Abside central y cúpula de la Catedral Vieja.

EDIFICIOS RELIGIOSOS

LAS CATEDRALES

Catedral Vieja

La catedral románica de Santa María se levantó en el mismo emplazamiento de la sede visigoda, a finales del siglo XII, y a raíz de la labor repobladora. El primer documento relativo a la construcción se fecha hacia 1149 y el último en 1289; por tanto, casi siglo y medio se tardó en culminar las obras. El edificio presenta varias fases en su realización: la

Pedro Petriz nos dejó esta bella Torre, con doble fila de ventanas bajo una cúpula escamada; coronándolo todo con una veleta en forma de gallo que da nombre a la Torre.

primera corresponde al comienzo de la obra, que se hizo simultáneamente por la cabecera y los pies, siendo las partes más antiguas el pórtico y los ábsides; en segundo lugar, se procedió al cierre de las capillas de los ábsides mediante bóvedas apuntadas y se prosiguió con la bóveda del transepto; finalmente, se erigió la cubierta del crucero, con el cimborrio que recibe el nombre de torre del Gallo, y de las naves. Parece ser que hubo varias manos que participaron en las cubiertas: por un lado, el responsable de la torre del Gallo cubriría, también, las naves cercanas a ella y los dos primeros tramos de la nave mayor; otra persona se haría cargo de los extremos del transepto y de los primeros tramos de las naves laterales; y, por último, un tercero realizaría los últimos tramos de la nave central.

Para sostener el peso del nuevo sistema de bóvedas se idearon repisas incrustadas en los arranques de los arcos de estas bóvedas, que se disimularon gracias a las caras diabólicas y de animales fantásticos esculpidas en ellas. Los capiteles ofrecen una gran variedad y no responden a un programa iconográfico determinado; se pueden contemplar motivos vegetales, hojas curvadas, palmetas, hojas de acanto y escenas bíblicas.

Recorriendo las naves laterales, destacan: por un lado, la capilla de San Martín o "del aceite", que presenta un claro ejemplo de pintura gótica, donde se desarrolla un retablo de hornacinas, que alberga un nicho natural, con diferentes figuras que representan ángeles, profetas y santos, realizados al temple con una rica entonación de colores, y junto al cual se sitúa el sepulcro del obispo Rodrigo Díaz; y, por otro lado, algunos sepulcros, semejantes al citado, con altares empotrados muy tardíos.

La capilla mayor posee uno de los retablos más bellos del siglo XV español y, además, se le puede considerar como una de las obras más importantes del arte en España. Se compone de 53 tablas que versan sobre la vida de Cristo y de la Virgen, repartidas en cinco pisos y once calles. El contrato fue firmado por Nicolás Florentino y, aunque su mano se nota en la obra, no hay duda de que hubo otros pintores que intervinieron con él. Las tablas responden

Catedral Vieja, nave lateral: ménsula con animal fantástico.

En el crucero se ubican los extraordinarios sepulcros del arcediano Diego Garci-López (1342), que lleva esculpida la procesión de los Reyes Magos; el de la bienhechora de la catedral, doña Elena (1272), que imita el sistema de la torre del Gallo; el del chantre Aparicio Guillén (1287); y el de Alfonso Vidal, deán de Avila, de finales del XIII.

El claustro, restaurado despúes del terremoto de Lisboa de 1755, se hizo al mismo tiempo que la catedral. Se accede por una puerta de columnas entorchadas, con capiteles y óculos calados. La parte que más destaca es el ángulo de poniente en el que se conservan arcos y capiteles historiados de finales del XII. La galería del mediodía posee un bello retablo de la Virgen de la Estrella, de mediados del XVI, pintado según el estilo de Juan de Flandes, y el sepulcro del arcediano don Gutiérrez de Castro, obra de Juan de Juni.

A lo largo de las galerías del claustro se abren varias capillas, que se visitan comenzando por la galería de oriente. En primer lugar, la capilla de Talavera, que tiene bóveda esquifada y ochavada, nervada con diferentes molduraciones que se calzan en pequeñas columnas insertas entre las ventanas del tambor. Los nervios se cruzan en estrella de ocho puntas. El retablo y las esculturas se atribuyen al italiano Lucas Mitata, y las tablas al círculo de Berruguete. La capilla se cierra con una magnífica reja de hierro, plateresca, procedente de Toledo.

A continuación se encuentra la capilla de Santa Bárbara, fundada en 1334 por el obispo Juan Lucero. En el centro se encuentran los sepulcros del fundador (1359), García Ruíz, y de Bertrán Bertránez, de la misma época que el primero. En torno a las paredes discurre una sillería tosca donde se sentaban los catedráticos y doctores de la Universidad a examinar al alumno, que ocupaba el sillón frailero que actualmente se ubica en la parte posterior de la tumba del fundador. Si el examinando aprobaba la prueba salía triunfante por la Catedral; si no, tenía que hacerlo por la puerta de Carros.

Torciendo hacia las galerías de poniente, está la capilla de Santa Catalina, fundada en 1392, y ampliada, posteriormente, para colocar en ella la biblioteca del obispo Gonzalo Vivero. Además de la estructura de la

plenamente al estilo gótico internacional caracterizado por las figuras alargadas, las líneas caligráficas, la profusión del colorido y los fondos arquitectónicos. Preside el retablo la imagen de la patrona de la ciudad, la Virgen de la Vega, procedente del convento de agustinos regulares situado a orillas del Tormes. Está fechada en el siglo XII y sigue las facturas de los esmaltes de Limoges. También destacan, en la misma capilla mayor, los sepulcros de los arcedianos Fernando Alonso (1279) y Diego Arias (1360), así como los superpuestos de los obispos Gonzalo Vivero (1480) y Sancho de Castilla (1446).

Retablo de la capilla mayor de la Catedral Vieja: vivaz, narrativo, fraccionado en 53 detalles que versan sobre la vida de Cristo y la Virgen. En la bóveda, una soberbia representación del Juicio Final pintada al fresco.

Capitel de la nave central: Sansón desjarretando a un león entre carátulas y monstruos.

cubierta con bóveda de terceletes, destaca el retrato de Gregorio Fernández de Liébana, presidente de la Chancillería de Valladolid, atribuido a Sánchez Coello. Finalmente, y con ella se termina el recorrido, la capilla de los Anaya o de San Bartolomé, fundada en 1422 por Diego de Anaya y Maldonado, arzobispo de Sevilla y fundador, también, del célebre Colegio Universitario que lleva el mismo nombre que esta capilla. La cubierta está ejecutada con bóveda de terceletes y remata con un testero ochavado. En uno de los ángulos hay un órgano realizado con carpintería mudéjar con lazos de a ocho y mocárabes. Lo más importante de la capilla es el sepulcro del fundador, hecho por un maestro anónimo, que ha merecido la denominación de "maestro de los Anaya", y que sería posiblemente un personaje español buen conocedor del estilo y las técnicas borgoñonas, que unirá a los rasgos del gótico internacional. Está realizado en alabastro y rodeado por una reja de hierro forjado fechada hacia 1514; a los lados se sitúan los familiares de don Diego, con extraordinarios rasgos renacentistas.

La catedral Vieja de Salamanca se incluye entre las principales construcciones románicas españolas que se ligan a la tradición castellanoleonesa, que, a su vez, aparece estrechamente unida al Camino de Santiago, como las catedrales de Santiago de Compostela, de Toro y de Zamora. Se trata, en general, de construcciones con cúpula sobre un crucero, perfectamente visible desde el exterior, con torrecillas que hacen de contrafuertes. También debía ser de este tipo la iglesia del monasterio de Santo Domingo de Silos, hoy destruida.

Capilla de S. Martín o del Aceite (Catedral Vieja). Sepulcro del obispo Rodrigo Díaz.

Vista de la nave central de la Catedral Nueva.

Catedral Nueva: Bóveda que cubre la Capilla Mayor, en una bella composición de nervios y claves.

Catedral Nueva

El caso de que Salamanca posea dos catedrales representa un hecho bastante singular, que se debe a los deseos del Cabildo de levantar una nueva fábrica ante la numerosa población estudiantil que generaba la Universidad. El proyecto se trazó tangente a la antigua Catredral y sobre la colina más alta de la ciudad, desde la que se disfruta una vista privilegiada. La primera piedra se colocó en 1512, y se nombró maestro mayor a Juan Gil de Hontañón, a quien sucedió, a su muerte, su hijo Juan Gil, el mozo, y, posteriormente, Juan de Ibarra y Juan de Alava. A partir de 1538 se pone al frente de la construcción Rodrigo Gil de Hontañón. La edifica-

ción se llevó a cabo en varias fases. La primera abarca de 1512-13 a 1560; la segunda, de 1589 hasta los primeros años del siglo XVII; y la tercera, de 1668 a 1733. En total, la catedral tardó doscientos años en terminarse.

El exterior se caracteriza por un sistema de arbotantes y estribos rematados en agudos pináculos, que son contrarrestados por la horizontalidad de las cresterías y las balaustradas; asímismo destaca el escalonamiento de las naves y la llamativa elevación de la cúpula y de la portada principal.

La fachada principal, cuyo diseño se atribuye a Juan Gil de Hontañón, está compuesta por cinco tramos separados por contrafuertes y cobijados por arcos y bóvedas labradas, especialmente los arcos

Hermosa perspectiva de columnas, bóveda y cúpula de la Catedral Nueva salmantina.

conopiales de la puerta que se desdoblan en múltiples arquerías; los entrepaños están cubiertos por doseletes, estatuillas, motivos heráldicos y medallones. En la obra de talla participaron diversos artistas; así, por ejemplo, Juan de Gante pudo elaborar el Calvario que corona la portada; sin embargo, el Nacimiento y los apóstoles que lo flanquean, y la Inmaculada del parteluz, se finalizaron en 1661 por algún escultor vallisoletano.

El interior está estrechamente ligado con la disposición espacial de la catedral hispalense. Cruz latina dividida en cinco naves de distintas alturas recorridas por sencillos andenes. Las columnas se componen de finas columnillas apenas interrumpidas por atrofiados capiteles, de los que arrancan los nervios de las bóvedas, que, según las naves, presentan una variada combinación de terceletes. En el crucero se levanta la grandiosa cúpula.

La capilla mayor aparece, actualmente, cubierta por un terciopelo carmesí sobre el que destaca "La Asunción", obra de Esteban de Rueda, y patrona del templo. El ostensorio y el altar son de mármol y se trajeron de la parroquia de San Sebastián. A ambos lados se encuentran sendas urnas de plata que contienen las reliquias de San Juan de Sahagún y Santo Tomás de Villanueva.

Puerta lateral de la Catedral Nueva, a la que se accede por el Patio Chico.

Catedral Nueva: Coro, órgano y arranque de la bóveda.

la; se trata de una de las capillas más importantes de la catedral y una de las obras más relevantes de Salamanca, que se caracteriza por su abigarrada ornamentación, muy semejante a la fachada principal, por el zócalo de cerámica toledana del XVI y por el magnífico retablo esculpido por Juan de Gante. La tercera capilla corrió a cargo del presidente de la Chancillería de Valladolid, Gregorio Fernández de Liébana, en 1577; su importancia reside en los dos lienzos del retablo: el superior, que representa la "Aparción de Cristo resucitado a la Virgen" y es copia de uno de los que Navarrete compuso para el claustro del monasterio de El Escorial; y el inferior, que representa el "Entierro de Cristo", réplica, también, de un Tiziano del Museo del Prado. La cuarta capilla, que era el antiguo paso al crucero de la catedral Vieja, está presidida por un retablo hecho en 1627 por Antonio García Ramiro. Para terminar este lado está la capilla que contiene el retablo de la Virgen del Desagravio (llamada así por haber sido objeto de actos reparadores cuando fue profanada en 1664), que fue el primer retablo salmantino en el que se usaron las columnas salomónicas.

Seguidamente se suceden las capillas de la girola. La primera es la del Nazareno, llamada también de San Roque, cuyo retablo dorado sobre fondo azul corresponde a un lote que se encargó para rellenar todos los retablos de las capillas de la girola, y en el que se inscrustaron dos copias de Andrea Sacchi; enfrente del retablo se ubica la talla de "San Francisco de Paula", de Bernardo Pérez de Robles. La capilla de San Nicolás de Bari posee una escultura del santo titular de José de Larra. A continuación viene la importante capilla de San José, con un retablo de Alejandro Carnicero y un acceso a la talla de Luis Salvador Carmona que representa "La Piedad" (1760). La capilla que ocupa el trasaltar conserva el crucifijo que, según la tradición, llevaba el Cid; se trata de una talla de Cristo en majestad, bizantina de finales del XI, que está cobijada en un retablo de Alberto de Churriguera. La capilla si-

El coro y el trascoro son obra de Alberto de Churriguera, en 1732 y 1738, con una sillería que representa uno de los mejores ejemplos del barroco español y que fue trazada por Joaquín de Churriguera, sus hermanos y Alejandro Carnicero. El órgano de la izquierda es obra de Damián Luis (1568), y el de la derecha fue un regalo del obispo José Sancho Granado y fabricado por el organista real, Pedro de Echevarría, en 1745. Cierra la estancia la reja rococó labrada por Joseph Duperier.

Todas las capillas de la catedral, tanto de las naves como de la girola, presentan una estructura idéntica: altares situados en el testero oriental, y, en el resto, nichos cobijados bajo un arco conopial flanqueado por pináculos. Comenzando en la nave sur, la primera capilla, que está dedicada a San Lorenzo, se fundó en 1630 por el regidor de la ciudad, Sánchez Aceves, y en ella destaca el retablo con el estilo de Francisco de la Oya. Sigue la "capilla dorada" o de todos los Santos, fundada en 1525 por el arcediano de Alba, Francisco Sánchez Palenzue-

Catedral Nueva. Capilla de Santísimo: La bellísima Piedad que esculpió Salvador Carmona hacia 1760, uno de los últimos imagineros barrocos castellanos.

▽ Puerta románica de la iglesia de San Martín.

guiente alberga un retablo de Joaquín de Churriguera, con una "Virgen de la Soledad", de Benlliure. La capilla del Pilar está presidida por una talla de esta advocación, del siglo XIV, con la singular característica de que el niño toca el laúd. El recorrido por la girola termina con la capilla de San Tirso.

A continuación, se pasa a las capillas de la nave norte que fueron las primeras que se construyeron en la catedral bajo los auspicios de Juan Gil de Hontañón. La primera es la capilla de San Antonio con un retablo del siglo XVIII. La capilla siguiente, fundada en 1628 por Antonio Corrionero, obispo de Canarias y de Salamanca, fue concebida como panteón del fundador y sus familiares, destacando los enterramientos del obispo (1633), de su hermano (1594) y de Antonio Ribera Corrionero (1660). Inmediatamente se ubica la capilla fundada por el canónigo racionero Antonio de Almansa y Vera, cuyo retablo está dedicado a Santiago y Santa Teresa en 1628. Finalmente, la capilla de San Clemente con un retablo del XVIII que contiene dos cuadros, uno de los cuales es de Carlos Maratta (1661).

La sacristía está formada por dos estancias: la antesacristía o espacio para los prebendados, que se realizó en 1731 por Manuel de Larra Churriguera, y la sacristía mayor, hecha en 1755 por Juan de Sagarvinaga. Finalmente, destacamos la custodia del Corpus, que se encuentra en el relicario, con chapitel ochavado del XV, tabernáculo y basamento plateresco de 1547, y las andas diseñadas por Alberto de Churriguera en 1728.

La catedral Nueva de Salamanca pertenece a las construidas en la última etapa de las catedrales góticas castellanoleonesas, realizadas a finales del siglo XIV, como las de Sevilla y de Granada, en las que intervienen artistas flamencos y alemanes, y se encuentran inmersas dentro de un estilo gótico florido. Son edificios que gustan de la profusión decorativa, que servía para deslumbrar a los fieles y proclamar el esplendor y el poderío de unas ciudades con floreciente comercio y cultura.

Panorámica de la iglesia de San Marcos.

Vista general de la iglesia del Sancti Spiritus.

IGLESIAS

Iglesia de San Martín
(Plaza del Corrillo)

Bella iglesia románica, fundada, en 1103, por don Martín Fernández, caudillo de los repobladores toresanos. La factura principal se realizó durante la segunda mitad del siglo XII y principios del siglo XIII, pero el hundimiento padecido durante el siglo XVIII, y el posterior incendio del retablo en 1854, obligó a una total restauración. La construcción, de claro influjo toresano, consta de tres naves sin crucero, separadas por columnas cuyos capiteles alternan hojas de acanto, hojas lisas y figuras alegóricas; las naves laterales están cubiertas por bóvedas de arista, y la central por una bóveda de cañón agudo. La cabecera se cierra por tres capillas con sus ábsides. A los pies de la nave principal se dispuso una tribuna, aprovechando el cañón de la bóveda, con un coro en la parte delantera.

El retablo mayor, hecho por Alberto de Churriguera en 1731, procede de la iglesia de San Sebastián, de donde se trajo para sustituir al que ardió en 1854.

Finalmente, destacan los sepulcros de Pedro de Paz, Pedro de Santisteban y su mujer Isabel Nieta, y Luis Yáñez, todos ellos en estilo gótico flamenco. La portada del mediodía se caracteriza por dos pares de medias columnas corintias, en cuyo entablamento se erige una hornacina, flanqueada por columnas y frontispicio del mismo estilo, que encierra la escultura del santo titular de la iglesia. La portada norte es una hermosa puerta románica compuesta de arquivoltas semicirculares, considerada como una de las joyas del románico salmantino.

Iglesia de San Marcos
(Plaza de San Marcos)

Fundada hacia 1178, fue la parroquia del barrio de los castellanos. La construcción comenzó en 1202 y su peculiaridad reside en ser de planta circular, interrumpida por tres ábsides semicirculares. El espacio se divide en seis secciones separadas por medio de arcos nervados que arrancan de dos columnas. La techumbre es morisca y tiene armadura de par y nudillo, lazos y cuadrales. El exterior presenta un relieve de San Marcos, sentado y escribiendo.

Artesonado mudéjar del coro del Sancti Spiritus.

Iglesia del Sancti Spiritus
(Cuesta del Sancti Spiritus)

Fundada hacia 1190 en el barrio de los toreses, fue entregada a la Orden de Santiago por Alfonso IX en 1223; en 1268 el gran maestre la donó para convento de las Dueñas, y, después de una serie de vicisitudes, Carlos III disolvió la fundación en 1786. Los caracteres del edificio corresponden al estilo de Juan Gil (1530-1540), siendo su interior muy semejante al convento de San Esteban.

Destaca el coro, con el magnífico suelo de azulejo y la sillería gótica, pero de una forma especial es conocida esta iglesia salmantina por el artesonado morisco con almizate de artesones, lazos, estrellas, mocárabes y florones, con una tribuna lateral y una cornisa de mocárabes. El conjunto está cubierto de oro y pinturas de claroscuro sobre azul figurando grutescos.

El retablo mayor, hecho en 1659, es de escuela de Gregorio Fernández. A los lados del prebisterio se sitúan los dos sepulcros de los fundadores, Martín Alfonso y María Meléndez, realizados en torno a 1270. El exterior presenta estribos guarnecidos con dos órdenes de pináculos.

Iglesia de Santa María de la Vega

Esta iglesia data del año 1150 y se consagró bajo la advocación de la patrona de Salamanca. Desde 1166 hasta los tiempos de Fernando II, estuvo bajo el dominio del monasterio de San Isidoro de León y de su abad. La iglesia, que fue totalmente re-

◁ *El espléndido altar del templo del Sancti Spiritus.*

Imagen de Cristo románico que se conserva en la iglesia del Sancti Spiritus.
▽

Imagen de la Virgen de la Vega. ▽

Absides románicos de la iglesia de Santo Tomás Cantuariense o de Canterbury.

construida en el siglo XVI, consta de tres naves rematadas por una capilla mayor y un camarín realizado en 1718. A los pies tiene un coro cubierto por una bóveda escarzana de artesones adornados entre arcos. En la nave meridional destaca un relieve de piedra que representa a Cristo muerto en brazos de su madre, que recuerda el retablo de la iglesia de Fuenteguinaldo y algunas obras de Rodrigo Gil. De la factura primitiva subsisten algunos arcos románicos que forman el claustro, que recuerdan a Silos, Aguilar de Campoo y Santa María de Nieva

Iglesia de San Cristóbal
(Plaza de San Cristóbal)

Fue fundada, en 1145, por los caballeros hospitalarios. Es de cruz latina cerrada por un solo ábside y capillas laterales cuadradas. La capilla mayor se cu-

bre con una bóveda de cañón que se apoya sobre dos pilares. Los capiteles guardan semejanzas con los de San Isidoro de León y con algunas parroquias de Avila.

Iglesia de Santo Tomás de Cantuariense
(Paseo de Canalejas)

Llamada también Santo Tomás de Canturianense, fue erigida por los portugueses en 1175. Tiene forma de cruz latina y remata en tres capillas con sus ábsides. El retablo es de piedra con pilastras jónicas y cobija una tabla italiana que representa a la Virgen ofreciendo al Niño un canastillo con frutas. Aunque está completamente remozada, todavía se perciben algunos elementos románicos. El exterior presenta paredes de sillería con arquillos decorativos en los estribos.

Iglesia de San Juan de Barbalos
(Calle del Horno)

Su fundación tuvo lugar en el año 1232 por los caballeros hospitalarios. Se compone de una sola nave, muy del estilo de la catedral y de las iglesias zamoranas, con ábside semicircular y capilla mayor cubierta por una bóveda de cañón. A los pies se levantan los restos de una torre, y al norte se abre la puerta principal que consta de arcos semicirculares. Tiene un claustro que fue renovado en el siglo XVI. Entre las obras de arte destacan el "Cristo de la zarza", que es un crucifijo de nogal del XII, y los restos de un retablo, que contienen dos pinturas al temple sobre lienzo pegado, pintadas en el siglo XIV, que representan el "Bautismo de Cristo" y "Herodes y Herodías".

Iglesia de San Julián
(Calle del Obispo Jarrín)

Llamada, también, de San Julián y Santa Basilisa, se fundó en 1107 para los toreses. De su primitiva traza románica, sólo se conservan la pared septentrional, con una portada de escultura decorativa, y

Fachada de la Iglesia de San Pablo.

Sugestiva perspectiva de la cabecera de la iglesia románico mudéjar de Santiago.

las torres a los pies. El retablo mayor es de estilo barroco con traza de Alonso de Balbás. En el sofito se puede contemplar un lienzo de la "Inmaculada", de José Antolínez, pintada en 1662. Otra obra destacable es la escultura de alabastro que representa a la "Virgen de los Remedios", de fines del XV.

Iglesia de San Polo
(Calle de San Pablo)

La iglesia de San Polo o San Pablo se fundó en el año 1108 como parroquia de los portugueses. Está realizada en un estilo románico-morisco, aunque fue rehecha en el XVI. Consta de tres naves rematadas con tres capillas. Los muros se adornan en el interior y exterior por arquerías decorativas.

Iglesia de Santiago
(Plaza del puente)

Se fundó en 1145 y es la única parroquia mozárabe que se conserva. Los tres ábsides, que están enlucidos en el exterior y calzados con obra de sillería, mantienen las cornisas primitivas con moldura doble; el central permite entrever arquerías decorativas. El interior sufrió una remodelación.

Iglesia de Santa María de los Caballeros
(Calle de Bordadores)

En la actualidad se denomina de las Adoratrices, al ser habitada por monjas de esta Orden. Se fundó para parroquia en 1194, pero su reedificación data del año 1581. Consta de tres naves, con cuatro arcos semicirculares sobre columnas con capiteles corintios. La capilla mayor está cubierta por una techumbre mudéjar. El retablo, del siglo XVI, se compone de tres cuerpos: el primero de orden jónico, el segundo de orden corintio, y el tercero con dos columnas salomónicas, que albergan esculturas barrocas, del estilo de Becerra, y algunas tablas. Sin embargo, lo más destacado del templo es el sepulcro en alabastro de don Alfonso Rodríguez Guedejas, hecho por el mismo autor del sepulcro del obispo Anaya de la catedral Vieja.

Convento de la Anunciación.

Calle de Bordadores.

Iglesia de la Vera Cruz
(Calle de Sorias)

Su construcción data de la segunda mitad del siglo XVI, y se reformó en 1714. De la época primitiva solamente queda una portada con una estatua de la Virgen. El interior es barroco y sigue el estilo de los Churriguera. En cuanto a las obras de arte, destacan: la "Inmaculada", de Gregorio Fernández; "La Soledad", de Felipe del Corral; y algunos pasos de Semana Santa, hechos por Alejandro Carnicero.

CONVENTOS

Convento de San Esteban
(Plaza de San Esteban)

El convento de San Esteban se inició en 1525 por orden de fray Juan Alvarez de Toledo, obispo de Córdoba, según las trazas de Juan de Alava, y se terminó en 1618. Consta de iglesia, claustro de Reyes, sacristía, sala capitular, claustro "De profundis", portería, biblioteca y claustro de los Aljibes.

La iglesia tiene planta de cruz latina con nave única cubierta con ojivas hasta el crucero, el cual acusa ya el estilo renacentista, tanto en la balaustrada como en las molduras estriadas rematadas en capiteles corintios sobre las que se apoya; encima se alza una linterna con doce ventanas culminadas en arco de medio punto, las cuales, a su vez, se dividen por una cruz barroca. El coro, que se sitúa sobre una bóveda escarzana que se adelanta hacia el crucero, posee una sillería labrada por Alfonso Balbás entre 1651 y 1658; sobre la silla prioral destaca una talla barroca de Santo Domingo, que remata en un cuadro de "La Virgen", de la escuela de Rubens; en el centro de la estancia se erige el facistol con libros de coro de los siglos XVI y XVII; la lúnula está pintada por Antonio Palomino, según el tema de Rubens "El triunfo de la Iglesia". El retablo mayor se construyó entre 1692 y 1693, por José de Churriguera; se compone de columnas salomónicas recubiertas de pámpanos, zarzillos y uvas; sobre los enormes capiteles corintios corre un entablamento poco tallado, que se remata por un gran arco de medio punto en el que se encuadra el lienzo de Claudio Coello que representa el "Martirio de San Esteban", flanqueado, a su vez, por gran profusión de motivos barrocos tallados. A cada uno de los lados del altar se sitúan sendas hornacinas que cobijan las esculturas de Santo Domingo y de San Francisco. En el ala derecha del crucero se encuentra el altar de Santo Domingo, con una "Imagen" del santo atribuida a Salvador Carmona, y en el ala izquierda, el altar de Santo Tomás, con cuadros de Pitti. Las capillas de los laterales muestran tallas de los siglos XVI y XVII.

La portada principal se construyó hacia 1660 y está

Magníficas esculturas que decoran la fachada de San Esteban.

constituida por una arcada decorada en el interior y flanqueada por contrafuertes. La puerta se abre bajo un arco de medio punto formado por finos junquillos en las jambas, con tres pilastras a cada lado entre las que discurren santos de la Orden. Sobre las pilastras corre un friso con medallones y escudos, y, sobre él, nueve pilastras y doseletes, en los que se abre el tímpano, esculpido con el "Martirio de San Esteban", obra de Juan Antonio Ceroni, en 1610, cuyo nombre aparece labrado en la piedra. Sobre estas pilastras corre otro friso que da paso al retablo, que corresponde a la arcada en la que se representa un Calvario rematado por un Padre Eterno, de gusto más italianizante. La última parte está constituida por una terraza con balaustre corrido y flanqueado por unos castilletes que rematan en agujas caladas.

Coro de la iglesia-
convento de San
Esteban.

"Triunfo de la Iglesia",
excelente pintura
mural de Antonio
Palomino que decora
el fondo del coro de
la iglesia de San
Esteban.

Retablo del altar
mayor de la iglesia de
San Esteban.

Los bellos volúmenes de la iglesia de S. Esteban y del Convento de los P.P. Dominicos se nos ofrecen al fondo de la Plaza del Concilio de Trento.

El claustro de los Reyes, al que se accede desde el ala izquieda del crucero, se caracteriza por un estilo gótico plateresco, especialmente en la parte baja con sus veinte ventanales divididos por tres maineles y su bóveda ojival. El exterior presenta gruesos botareles decorados con finas columnitas que llegan hasta la galería alta y están rematados por una cornisa, donde se abren cuarenta arcos de medio punto que se apoyan en pilastras cuadradas. La galería superior está cubierta por un techo de madera labrada a recuadros.

La escalera de Soto, situada en el vestíbulo de la sacristía, es una escalera colgante, que fue construida en 1553 con predominio de elementos platerescos. Está compuesta por gruesas columnas torneadas y estriadas por las que corre un balaustre de corte clásico. En el último tramo aparece un relieve de piedra policromada que representa a la Magdalena.

La sacristía es una gran sala que se debió a los donativos de fray Pedro de Herrera, obispo de Tuy. Se compone de anchas pilastras situadas entre frontones, rematadas en capiteles corintios y coronadas

El bellísimo dibujo de las bóvedas del claustro convierte a éste en un verdadero palmeral petrificado.

por una cornisa renacentista, sobre la que se apoyan arcos de medio punto que sostienen una bóveda con lunetas adornadas con casetones. Los ricos ornamentos litúrgicos del convento se guardan en las grandes cajoneras de madera de nogal.

La sala capitular, a la que se accede por la puerta de San Esteban, del claustro, es de un barroco muy sobrio. Se constituye por pilastras rematadas en capiteles dóricos por los que discurre una ancha cornisa. En el frente hay un altar corintio.

El claustro "De profundis" está situado al lado de la sala capitular, concretamente, al otro lado de la puerta de San Gregorio y Santo Tomás de Aquino. Se terminó en 1550 por orden de los Reyes Católi-

Claustro de los Reyes de S. Esteban.

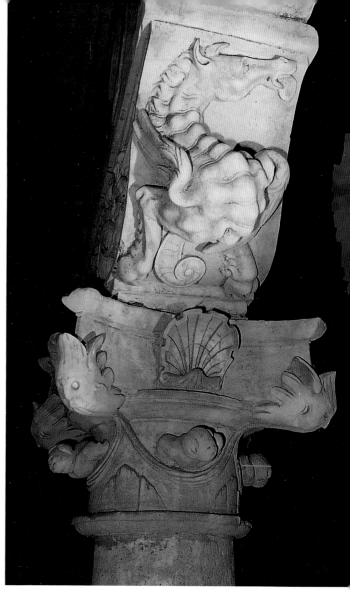

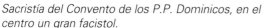

Sacristía del Convento de los P.P. Dominicos, en el centro un gran facistol.

Capitel y zapata adornado con animales de la galería alta del Convento de Sta María de las Dueñas.

cos. Destaca el techo de madera, sostenido por arcos abocelados que se apoyan sobre unas repisas decoradas por lóbulos y granadas.

La casa de Estudiantes, a la que se llega por una puertecita del claustro anterior, posee una "Virgen" de madera policromada, del siglo XVII, y un oratorio de estilo renacentista, que mandó construir Sotomayor en 1619.

El pórtico, hecho por Juan de Ribera entre 1590 y 1599, está situado en el ala derecha de la entrada de la portería del convento, y es perpendicular a la misma. Se compone de galería porticada toscana, encima de la cual se sitúa la biblioteca, que fue realizada en 1683 por José de Churriguera.

Finalmente, el claustro de los Aljibes, que comunica con el claustro "De profundis", combina elementos artísticos de variada tendencia. En un lado destacan las columnas románicas rematadas en unos capiteles de estilo Isabel, de los que arrancan unos arcos de medio punto.

San Esteban. Interior del patio en el que se puede ver la delicadeza de formas de la galería superior y el juego de volúmenes del cimborrio de la iglesia.

Convento de Sta. María de las Dueñas: uno de los más bellos claustros salmantinos, al fondo las catedrales.

Convento de Sta María de las Dueñas. Detalle del suelo de la galería baja, de cantos con adornos con huesos de animales.

Convento de Sta. María de las Dueñas, bella panorámica de la galería alta.

Convento de Sta. María de las Dueñas, galería inferior de su original patio.

Convento de Santa María de las Dueñas
(Plaza de las Dueñas)

Se fundó en 1419 por Juana Rodríguez Maldonado, viuda de Juan Sánchez de Sevilla, para mujeres nobles. Del tiempo de su fundación se conserva una puerta morisca de arco apuntado con alicatados, en la galería superior del claustro. En 1522 se volvió a edificar la iglesia en un estilo plateresco, con una nave ojival y una portada que da al este.

Lo más importante es el claustro, una de las joyas artísticas del renacimiento salmantino y español. Consta de dos galerías: la inferior, con arcos escarzanos rematados por capiteles de variadísima talla, y la superior, que destaca por las bellas zapatas que soportan los arcos. Es muy posible que los ornamentistas de esta obra fueran los mismos que ejecutaron el palacio de Monterrey.

Convento de Nuestra Señora de la Anunciación
(Calle de las Ursulas)

Es conocido vulgarmente como Santa Ursula o las Ursulas. Se fundó en 1512 por el patriarca de Alejandría, Alonso de Fonseca. Destaca su iglesia gótica, de una sola nave cubierta por tres bóvedas de crucería estrellada; en el centro se encuentra el sepulcro del fundador, atribuido a Diego de Siloé; en el muro del Evangelio hay una hornacina con la tumba del mayordomo Francisco de Rivas; además, tiene dos coros: el superior, cerrado con una reja gótica, y el inferior, con un doble artesonado de influencias italiana y mudéjar, respectivamente. El exterior se caracteriza por un ábside poligonal, reforzado por contrafuertes que rematan en pináculos góticos dispuestos para colocar la techumbre del XVIII. Entre los machones destaca una crestería gótica.

Convento de Nª Sra. de la Anunciación, con el monumento a Miguel de Unamuno.

Altar de la iglesia de las Agustinas, actual Parroquia de la Purísima.

La Inmaculada Concepción, cuadro de José de Ribera que se conserva en la parroquia de la Purísima.

El interior del convento posee un pequeño museo con obras de Gregorio Fernández, Morales y Juan de Borgoña.

Convento de Nuestra Señora de la Concepción
(Calle de la Compañía y de Bordadores)

Fue fundado en 1594 para monjas agustinas recoletas por Manuel de Fonseca y Zúñiga. Se conoce vulgarmente como convento de agustinas recoletas, o iglesia de la Purísima. Hay bastante confusión sobre las fechas de inicios y culminación de la obra: parece ser que en 1636 se puso la primera piedra, en 1641 entraron las monjas en la casa, y la iglesia se concluyó en 1657. Sin embargo, el hundimiento de la cúpula hizo que, en 1676, el tesorero de la catedral, Bernardo Ordóñez de Lara, se decidiera a la reconstrucción, abriéndose al culto en 1687.

La iglesia tiene planta de cruz latina con grandes capillas a los lados; las pilastras van apareadas y tienen estrías; las bóvedas son de lunetos con ventanas escarzanas, y a los pies hay una estrecha tribuna; encima del crucero se levanta la cúpula sobre tambor, con linterna y ventanas. Destaca, especialmente, el retablo mayor, constituido por dos filas de columnas corintias, con basamento de incrustacio-

Convento de Sta. Clara: interior, al fondo el bello retablo churrigueresco.

nes, que cobijan el cuadro de "La Inmaculada", de Ribera, muy semejante al que debió existir en las agustinas recoletas del convento de Santa Isabel de Madrid; está coronado por un crucifijo y las estatuas de la Magdalena y los Santos Juanes hechos en mármol italiano; el tabernáculo es de lapislázuli, malaquita, jaspes y bronce dorado, rematado con estatuillas de bronce dorado. Los retablos colaterales forman dos encuadramientos, a cada lado de la capilla mayor, siguiendo el mismo estilo. Otros elementos importantes de la iglesia son los lienzos de Ribera, en la nave, "San Jenaro" y la "Adoración de los pastores", y las estatuas de los condes de Monterrey, a cada uno de los lados del altar mayor, hechas en mármol de Carrara.

La fachada presenta una decoración con pilastras corintias acanaladas sobre pedestales y entablamento corrido, en cuyo centro se alza el frontón con ático. En medio se abre una portada con mármoles embutidos, y en los laterales se abren grandes arcos formando un pórtico con dos alas en esquina.

Coro del Convento de Sta. Clara. En los años 70 se descubrieron en sus paredes pinturas antiguas que se terminaron de restaurar en 1989.

Convento de Sta. Clara, interior del coro.

Convento de Santa Clara
(Calle del Lucero)

El convento se fundó en 1220 por una tal doña Urraca, que tenía el deseo de vivir con sus compañeras en una ermita. Más tarde adoptarían la regla de Santa Clara. La iglesia ha sufrido varias reconstrucciones. Actualmente se conserva una fábrica del XVIII en estilo churrigueresco con un retablo de la misma inspiración. De épocas anteriores sólo quedan restos de un ala del claustro, con techo realizado con adornos moriscos y góticos. Destacan los altares de cerámica toledana del claustro y del coro.

Convento de Santa Isabel
(Calle de las Isabeles)

Fundado por Inés Suárez de Solís, hacia 1440, para monjas terciarias franciscanas. La iglesia presenta una sencilla nave del siglo XVI, a cuyos pies se extiende un coro con bellos azulejos talaveranos. Está cubierta por una techumbre de lazo morisco y follajes góticos. Lo más destacable es la tabla al temple de "Santa Isabel de Hungría", pintada por Nicolás Florentino y ubicada en el barroco altar mayor. También, en la capilla mayor, descansan seis lucillos que corresponden a la familia Solís, de finales del XV y comienzos del XVI.

Bajo la mirada de Fray Luis de León, el Patio de Escuelas con la fachada de la Universidad y el antiguo Hospital del estudio.

UNIVERSIDADES Y COLEGIOS

Universidad Civil
(Patio de Escuelas)

Es uno de los edificios más importantes de Salamanca y una de las joyas del arte renacentista español. La sede universitaria fue fundada por Alfonso IX de León, cuando, en 1218, convirtió en universitarias a las escuelas salmantinas con grandes especialistas en Sagrada Escritura; en 1243, Fernando III el Santo lo consolidó; y, finalmente, Alfonso X el Sabio lo reglamentó y amplió en el año 1254 contando con el beneplácito del papa Alejandro IV, que concedió el título de Estudio General a la Universidad salmantina, comparándola a

centros como Oxford, París y Bolonia. El auge dado por Benedicto XIII hizo que más adelante se pensara en edificar casas en las que impartir las ciencias; para ello, entre 1415 y 1433, se comenzaron a construir aulas en torno a un patio rectangular. Los Reyes Católicos otorgaron nuevos privilegios (de hecho, la fachada parece ser un homenaje a estos monarcas). En 1596 Salamanca tenía setenta cátedras, entre las que destacaban: leyes, teología, medicina, lógica y filosofía, retórica, gramática, griego, latín, hebreo y caldeo, astrología y música. Entre los personajes más famosos que han enseñado y estudiado en ella, citamos a Nebrija, Arias Montano, Anaya, Carranza, Malón de Chaide, Juan de la Cruz, Ignacio de Loyola, Beatriz Galindo, Góngora, fray Luis de León, el conde-duque de Olivares, Madina, Soto, Cano, Báñez, Saavedra Fajardo y Unamuno.

El edificio consta de una capilla construida bajo la advocación de San Jerónimo, que estuvo ubicada, en un principio, en lo que hoy es zaguán, que, por cierto, destaca por su techumbre de lazo morisco. Actualmente no se conserva más que algún fragmento del antiguo retablo de Juan de Flandes, que fue sustituido en tiempos de Carlos III por uno de mármoles que albergaba el tabernáculo realizado por Manuel García Crespo, desaparecido en 1812, y que posee seis lienzos pintados por Antonio González Velázquez y por Francisco Caciániga. La bóveda, de la que queda solamente un tercio, fue pintada por Fernando Gallego.

La librería o biblioteca primitiva, que se empezó a construir en 1472, es la actual capilla (descrita anteriormente), ya que en 1508 se decidió hacer la nueva biblioteca, que consiste en un gran salón ochavado en los extremos, cuya bóveda de yeso es obra de Manuel de Lara y Churriguera. Los estantes se hicieron entre 1749-1752. Conserva la puerta gótica bajo un arco carpanel, y más de 40.000 volúmenes con valiosos incunables y ma-

Escalera y puerta de la Antigua Biblioteca de la Universidad salmantina.

Sobriedad y belleza del Paraninfo de la Universidad Civil.

Universidad Civil, aula de Fray Luis de León.
"Decíamos ayer..."

nuscritos. El corredor que la precede es de arcos mixtilíneos góticos con techumbre compuesta por artesones ochavados y mocárabes, obra de Juan de Alava. De aquí arranca la escalera, que conduce a la galería alta del claustro, con un riquísimo pasamanos labrado con follajes, roleos y figuras humanas, así como un friso gótico.

Otras interesantes estancias, que destacan por el valor de las personas a las que hacen referencia, son el paraninfo, el aula de música del maestro Salinas, la cátedra de teología o aula de fray Luis de León, que conserva la antigua estructura, y la bóveda en cuya clave se exhibe el escudo de la Universidad.

Finalmente, la joya de este edificio es la fachada, plateresca, realizada con la dorada piedra de Villamayor, que forma un cuerpo saliente al ingreso del edificio y está adherida a la biblioteca. Su construcción se realizó después de esta dependencia, entre 1513 y 1525. Consta que estaba terminada en 1529, según se desprende de algunos testimonios de Juan de Alava. Esta fachada está dividida en tres zonas: en medio de la primera destaca un medallón de los Reyes Católicos; la segunda contiene los escudos reales de los Austrias rodeados de bustos, medallas y un entablamento con niños en graciosas posturas; y la tercera presenta un altorrelieve con el blasón de la Universidad, a cuyos lados aparecen figurillas, bustos y crestería de grustescos. El autor de esta obra se desconoce, aunque no puede por menos que reconocerse en ella huellas de artistas como el maestro Egidio de la catedral y Juan de Troyes o Troya.

Primer plano de la Capilla de la Universidad salmantina.

Facultad de física, detalle del patio con el Péndulo de Foucault en el centro.

Aquí guarda celosamente todos sus incunables la Universidad salmantina.

Apacibilidad y pureza de lineas en el claustro de las Escuelas Menores del recinto universitario.

Escuelas Menores
(Patio de Escuelas)

Se terminaron de construir en 1533 y discurren en torno a uno de los patios salmantinos más bellos, que es de un solo cuerpo, y compuesto por una galería de arcos mixtilíneos que reposan sobre gruesas columnas, en las que se ubicaban las antiguas aulas, como la de historia natural. Todavía se puede contemplar en una de ellas parte de las pinturas realizadas por Fernando Gallego para el techo de la antigua biblioteca.

La fachada es plateresca y se abre mediante dos arcos que ostentan los escudos del emperador y de la Universidad. Actualmente se alberga aquí el museo universitario, el archivo, la secretaría, y la sala de juntas de la Universidad, que está precedida por una portada gótica y está cubierta por un artesonado polícromo.

Hospital del Estudio
(Patio de Escuelas)

Se trata del actual rectorado de la Universidad, que, en un principio, se destinó a hospital y, según la tradición, fue dotado por el obispo Lope de Barrientos antes de 1469, y reconstruido más tarde en torno a 1472. Destaca la portada, compuesta por dos arcos rebajados inscritos en otro de medio punto, con tallas de la Encarnación, Santo Tomás de Aquino y escudos reales. También tiene tallas de follaje y pináculos rematando el edificio.

Colegio del Arzobispo Fonseca o de los Nobles Irlandeses: fachada y cimborrio de su capilla.

Colegio Fonseca o de los Irlandeses
(Calle de Fomento)

Este colegio fue fundado por Alonso de Fonseca en 1521, con el fin de ser enterrado cuando muriese. Felipe II instalaría en él el colegio de nobles irlandeses para que pudieran refugiarse los católicos perseguidos en aquél país.

La construcción consta de dos períodos: el primero, al que corresponde el cuerpo de habitaciones, portada y nave de la capilla, estaría hecho por un

Anochecer en el armonioso patio del Colegio del Arzobispo Fonseca, en el que se llegaron a celebrar corridas de toros.

Colegio del Arzobispo Fonseca, patio y escaleras de acceso a la galería alta.

Palacio de Anaya, que se abre a la Plaza de igual nombre.

maestro del estilo de Juan de Alava, excepto la portada, que, con certeza, realizó Alonso de Covarrubias; y el segundo, al que pertenece la cabecera de la capilla, el patio y la fachada, correría a cargo de un artista del círculo de Rodrigo Gil. La portada es plateresca y consta de dos cuerpos de estilo jónico, adornada en los intercolumnios con medallones e imágenes; las ventanas siguen el mismo tipo decorativo.

En la iglesia destacan el crucero, que se eleva a mayor altura que la nave con ventanas y bustos de evangelistas y doctores dentro de medallones, y la capilla mayor, que guarda un retablo con restos de Berruguete. Ambos elementos tienen reminiscencias góticas en arcos y crucerías.

El patio del Colegio es uno de los más bellos e importantes no sólo de Salamanca, sino también del renacimiento español. Fue proyectado por Diego de Siloé y ejecutado, en parte, por Pedro de Ibarra. Está formado por dos galerías de arcos carpaneles que se apoyan sobre pies derechos y rematan en una cornisa con pináculos. Resultan muy interesantes los balaustres de cuatro caras y los medallones con efigies masculinas y femeninas que se encuentran en los arcos.

Colegio de San Bartolomé o de Anaya
(Plaza de Anaya)

Fue fundado en 1401 por Diego de Anaya, arzobispo de Sevilla, como convento de San Bartolomé. En 1760 lo reconstruyó Sagarvinaga y Hermosilla, y actualmente es sede de las Facultades de Letras y Ciencias. La capilla está dedicada a

Escalera de tipo imperial del Palacio de Anaya, esperándonos está la apacible presencia de Unamuno.

La calle Compañía sorprende por sus bellos edificios. A izquierda, la Iglesia del Espíritu Santo, también llamada de Clerecía, a derecha, la emblemática Casa de las Conchas.

San Esteban y tiene forma de cruz latina con cúpula y portadas churriguerescas. La hospedería está constituida por otro de los interesantes patios salmantinos, trazado por Joaquín de Churriguera, y compuesto por galerías arquitrabadas de las que arranca la escalera, que ostenta el busto del que fue rector, "Miguel de Unamuno", obra de Victorio Macho.

Colegio de los Jesuitas
(Calle de la Compañía)

Llamado también Real Colegio del Espíritu Santo, es hoy la sede de la Universidad Pontificia. Fue fundado por Felipe III y Margarita de Austria en 1611, según los planos del arquitecto real, Juan Gómez de Mora. En 1617 se colocó la primera pie-

*Patio de la
Universidad
Pontificia de
Salamanca,
tras él la
iglesia del
Espíritu
Santo o
Clerecía,
magnífica
construcción
patrocinada
por Dª
Margarita de
Austria.*

Universidad Pontificia. Escalera de acceso a las plantas superiores, en ella unos tramos se apoyan en otros. En las paredes los nombres de los doctorandos que por estas aulas pasaron.

Remate de afiligranada piedra que corona la fachada plateresca de la Universidad.

Artísticos escudos labrados en piedra en la fachada de la Universidad salmantina.

dra, bajo la advocación del Espíritu Santo, y en 1665 se empezó a habitar aunque faltaba bastante para su terminación definitiva.

La iglesia, conocida como la Clerecía, es de planta jesuítica, conforme al estilo implantado por Vignola en el Gesú de Roma. Está decorada con pilastras acanaladas dóricas y florones en las metopas del friso. Se cubre por bóvedas de arista en las capillas laterales, presididas por retablos barrocos, y tiene las efigies de los fundadores en los frentes del crucero. Muerto Gómez de Mora, le sucedió un maestro barroco que cubrió la nave con bóvedas de lunetos y levantó la cúpula sobre un tambor octogonal con linterna. La capilla mayor posee un retablo típicamente barroco salmantino con columnas salomónicas, hecho por Cristóbal de Honorato, en cuyo centro se ubica un relieve que preludia la "venida

del Espíritu Santo"; encima, la aparición de la Virgen a San Ignacio mientras escribe los ejercicios, las efigies de San Agustín, San Jerónimo, San Gregorio y San Basilio y, finalmente, rematando, los cuatro evangelistas. La sacristía alberga una interesante colección de obras como el "Cristo flagelado", de Carmona, los lienzos de la "Vida de San Ignacio", los dos lienzos que representan a "Melquisedec" y "la reina de Saba", que son del taller de Rubens, y la tabla italiana de la "Magdalena".

La fachada es de orden compuesto, con dos filas de columnas corintias sobre las que se levantan las torres y el frontispicio que hiciera Andrés García de Quiñones. Se accede al interior mediante el ascenso de seis gradas.

El patio, construido sobre enormes columnas corintias, constituye uno de los mejores patios barro-

Universidad pontificia. Paraninfo. Bello teatro en el que se conjugan todas las artes plásticas. (Págs. 68/69.)

Escudo de la Universidad Pontificia de Salamanca.

cos salmantinos. Se compone de tres cuerpos: el inferior, con arcadas de medio punto, de cuyos pilares arrancan las columnas corintias que conforman el segundo cuerpo, entre las que discurren los balcones rematados con escudos y lunetos tallados, y, finalmente, el tercer cuerpo, que arranca de una cornisa y remata en una fila de pináculos que reposan, a su vez, en otra cornisa. La escalera arranca de uno de los costados del patio y se compone de nueve tramos sustentadas sobre bóvedas de arcos rebajados. El salón de actos es barroco y después de la expulsión de los jesuitas, en 1767, fue sede de la real capilla de San Marcos. En 1854 se convirtió en seminario menor, y desde 1940 es la sede de la Universidad Pontificia.

Plaza de las Agustinas con el bello Palacio de Monterrey.

Un detalle de la fachada de la Casa de las Muertes.

PALACIOS Y CASAS

Palacio de Monterrey
(Plaza de Monterrey)

Lo construyó Alonso de Acevedo y Zúñiga, tercer conde de Monterrey y virrey de Nápoles, en 1539, según los planos de Rodrigo Gil de Hontañón y con la intervención de Martín de Santiago, Pedro de Ibarra y los Aguirre. Actualmente es propiedad de los duques de Alba.

El palacio se proyectó como un gran rectángulo, pero solamente se levantó un ala con los dos torreones en los ángulos. Está compuesto por tres cuerpos que adornan sus ventanas con columnas corintias, frontispicios y las armas de los Fonseca, Zúñiga, Sotomayor, Acevedo, etc.; el tercer cuerpo destaca por el llamado "paseador de las damas". En las dos esquinas se levantan sendos torreones, que elevan un piso más, constituidos por arcos carpaneles, sobre los que reposa un ancho entablamento rematado por una crestería plateresca con pináculos y chimeneas.

Casa de las Muertes
(Calle de Bordadores)

Pequeño edificio con hermosa fachada plateresca decorada con grutescos, molduras y bustos. Destaca la portada, cuyo dintel, ceñido por dos molduras que recorren el edificio, aparece como un friso lleno de grutescos, con un escudo enmarcado por una láurea que sostienen dos amorcillos. Sobre la puerta, el balcón principal adornado con pilastras y el escudo y busto del patriarca Fonseca. A ambos lados del citado balcón, dos preciosas ventanas esculpidas en el mismo estilo. La fachada remata en una cornisa tallada con motivos vegetales y querubines.

La casa de las Muertes recibe este nombre gracias a las leyendas que, según cuentan las crónicas, acontecieron en ella. En 1898, el licenciado Bolanegra dio una versión según la cual las fami-

lias rivales del siglo XV, Monroy y Manzano, en un enfrentamiento que tuvieron, provocaron dos muertes; cuando años más tarde se edificó la casa, hallaron los cadáveres junto a otros dos cuerpos sin cabeza, diciéndose, entonces, que los cuerpos decapitados eran los de los hermanos Manzano muertos por doña María la Brava. Otra de las leyendas dice que en el sótano de la casa hubo un criminal que mató a la familia de un sacerdote. Sin embargo, la explicación más coherente estaría en los motivos ornamentales de las ventanas, muy usados en el plateresco, o en el nombre de la propia calle, que data de 1753. La casa fue la residencia de los Ibarra, hasta 1805, en que

Detalle de la artística decoración del elegante patio del Palacio de Fonseca.

Fachada del Palacio de Fonseca, edificio que actualmente alberga las dependencias de la Diputación.

se subastó públicamente, conforme al decreto de 19 de septiembre de 1789. Al lado de la casa de las Muertes está la casa de Unamuno, que ostenta un escudo de los Ovalle.

Casa de los Fonseca
(Calle de San Pablo)

Llamada también de la sal o la salina, al haber sido depósito de sal, es la actual Diputación Provincial. El edificio se erigió por Alonso de Fonseca en 1538. Destaca la fachada, que consta de tres pisos: el primero, compuesto por cuatro arcos sobre columnas y medallas entre las enjutas; el segundo, con tres balcones flanqueados por columnas y grutescos; y el tercero, distribuido en ocho arcos, presenta escudos de los Fonseca y querubines.

El interior del edificio posee un bello patio renacentista, de traza irregular, que engrosa la larga lista de los que integran la ciudad: se ingresa mediante un arco escarzano que reposa sobre repisas voladas; en la parte superior discurre un corredor que descansa sobre ménsulas, cuyas figuras corresponden de forma burlona (según la tradición) a los nobles salmantinos, parientes de los Fonseca, que despreciaron a María de Ulloa; la pared izquierda presenta un pórtico de siete arcos de medio punto; y el frente recuerda la casa de las Conchas.

En la misma calle destacan el palacio de Solís y la casa de Diego Maldonado, camarero del patriarca Fonseca.

Casa de doña María la Brava
(Plaza de los Bandos)

Es un edificio del siglo XV, que perteneció a doña María la Brava, destaca el bello balcón, rematado por un friso decorado con grutescos, en el que se enmarca el escudo de los Enríquez.

Una de nuestras más históricas plazas, la de los Bandos: en primer término a la derecha la Casa de Doña María la Brava.

Palacio de Figueroa, hoy convertido en Casino de la ciudad.

Casa de Sta. Teresa.

Torre del Clavero. ▷

Forma conjunto con el palacio de Garcigrande, situado en la misma plaza, que posee una bella portada plateresca con los escudos de los Espinosa, Guzmán, Girón y Maldonado.

Casa de Santa Teresa
(Plaza de Santa Teresa)

Conocida, también, como la casa de los Ovalle. Fue construida al tiempo que la casa de doña María la Brava, y en ella pasó la santa de Avila su primera noche salmantina, en 1570.

La esbelta silueta de la Torre del Aire.

Colegio de Calatrava
(Calle de Francisco Montejo)

Es el actual Seminario Diocesano. Se trata de un edificio churrigueresco construido por Joaquín de Churriguera en 1717, con modificaciones ideadas por Jovellanos a finales de la centuria. En su día perteneció a la Orden de Calatrava.

EDIFICIOS SINGULARES

Torre del Clavero
(Calles del Consuelo y Miñagustín)

Según la tradición, la torre es el resto que queda de la casa señorial de Francisco de Sotomayor, clavero de la Orden de Alcántara en 1470, aunque también se dice que perteneció a fray Diego de Anaya. El aspecto que ofrece es de fortaleza militar y se caracteriza por las garitas ubicadas en las secciones ochavadas, y por la cornisa de arquillos y modillones con los escudos de los Sotomayor y Anaya.

Torre del Aire
(Calle del Aire)

Forma parte del antiguo palacio de Fermoselle. Está construida con un estilo italianizante, destacando las ventanas arqueadas y el labrado gótico.

Casa de las Conchas
(Calle de las Compañías)

Fue edificada a comienzos del siglo XVI por Rodrigo Arias de Maldonado, caballero de Santiago. Se trata de uno de los edificios más populares de Salamanca, que se distingue por las conchas que adornan la fachada. No se sabe con certeza la historia de la casa, pero al ser don Rodrigo caballero de Santiago, lo lógico era utilizar el símbolo más común de la citada Orden militar. También aparece repetido en los muros y alrededor de las ventanas el escudo de los Maldonado (que consiste en cinco flores de lis, y está sostenido por angelillos, sirenas o leones, o enmarcados en laúreas) que junto a las conchas, símbolo de los Pimentel, preludian las bodas de Juana Pimentel con Rodrigo Maldonado.
La fachada presenta tres rejas diferentes de labor gótica. No hay ninguna duda en calificar la decoración como italiana, aunque no pueda precisarse el autor concreto de la obra. La fachada está presidida por el escudo de los Reyes Católicos.
Dentro del edificio destaca el patio, constituido por dos cuerpos: el inferior, compuesto por arcos mixtilíneos que descansan sobre pilares cuadrados, y el superior, con arcos escarzanos que reposan sobre columnas de mármol de Carrara, entre las que discurre una hermosa barandilla de cresteria. En los antepechos se contemplan los

El original perfil arquitectónico de la popular Casa de las Conchas.

Primer plano del escudo de los Maldonado que ostenta la fachada de la Casa de las Conchas.

escudos de los Maldonado, y gárgolas. La balaustrada está rematada con leones y escudos, y el techo presenta grandes artesonados cuadrados y exagonales.

Puente Romano

Posiblemente se construyó en tiempos de Trajano y llegó a formar parte de la llamada Calzada, Camino o Vía de la Plata que unía Astorga con Mérida, y que pasaba por Salamanca. Está formado por quince arcos, de los que algunos han sido muy restaurados. Según se entra a la ciudad por este puente, hay un interesante toro ibérico citado por el autor del "Lazarillo de Tormes".

Desde el puente romano se divisa el paraje del Tormes, descrito, entre otros autores, por fray Luis de León, y desde el que se divisan las torres de las catedrales, de la clerecía, del convento de San Esteban, y una bella perspectiva de la ciudad, cuya dorada y blanda piedra de Villamayor la hace adquirir una extraordinaria tonalidad a la caída del sol.

Horizontalidad y verticalidad, catedrales y puente romano, un bello recreo para la vista.

PLAZAS, JARDINES Y CALLES

Plaza Mayor y Ayuntamiento

La Plaza Mayor de Salamanca es una de las más bellas de España, que, junto con la Plaza Mayor de Madrid, constituye un conjunto singular. Se construyó en 1729 según los planos de Alberto de Churriguera. En 1733 se terminó el ala este, y en 1755 se concluyeron la fachada norte y la Casa Consistorial. A la muerte de Alberto de Churriguera le sucedieron Andrés García de Quiñones y el escultor José de Lara y Churriguera, quien ejecutará los medallones situados en las enjutas de los arcos, en los que se inscriben reyes y hombres ilustres. El Ayuntamiento presenta una serie de elementos que datan de 1852. En la fachada este destaca el llamado pabellón real, que se sitúa sobre el arco de la calle de Toro, y desde el que los Reyes de España presenciaban las fiestas taurinas.

En el ala norte se erige el Ayuntamiento o Casa Consistorial, que consiste en un bello palacio barroco formado por dos cuerpos recorridos por columnas corintias, entre las que discurren balcones rematados por frontones. Los cuerpos están separados por salientes cornisas, y rematando el superior aparece un friso que imita los triglifos y metopas griegos. Resalta la torre del campanario, constituida por tres arcos de medio punto flanqueados por columnas jónicas. En cada uno de los arcos se inscriben las tres campanas.

Campo de San Francisco
(Calle de Ramón y Cajal)

El campo de San Francisco constituye uno de los miradores más privilegiados de la ciudad, ya que desde él se domina una perfecta perspectiva de Salamanca. Está situado en una de las zonas más privilegiadas de la capital, a la que se llega atravesando la plaza de la Fuente y la calle de las Sorias. Se encuentra detrás del palacio de Monterrey, al lado del rincón de las Ursulas y de la iglesia de la Vera Cruz, cerca de la casa de Unamuno, de la casa de las Muertes, de la iglesia de Santa María de los Caballeros y de las agustinas recoletas. No en vano el que fuera famoso rector de la Universidad resumió su íntima impresión de este paraje en unos hermosos versos.

Las Calles salmantinas

El centro de Salamanca es, sin duda alguna, la Plaza Mayor, uno de los espacios que, junto a la Plaza Mayor de Madrid y la plaza del Obradoiro de Santiago, constituye un centro urbano equilibrado y sugestivo. Desde la plaza se pueden iniciar los paseos más variados por todo el entramado de calles que salen de ella, puesto que, según decíamos al comienzo, Salamanca es un museo arquitectónico. Partiendo de la iglesia de San Martín, que se encuentra a espaldas de la plaza, se toma la Rúa Ma-

Ayuntamiento de Salamanca: Salón de recepciones.

Escalera del Ayuntamiento, detalle de la barandilla. ▷

yor en dirección a las catedrales. A lo lago de esta calle se divisarán la casa de las Conchas y la fachada de la Clerecía. La rúa muere en la plaza de Anaya, en la que se abren el Colegio de San Bartolomé y la catedral Nueva. Especial sabor ostentan las callejas que dan la vuelta a las catedrales, como la calle de Tentenecio, por la que se baja hacia el barrio de las Tenerías y al Tormes, con el fin de admirar el puente Romano, el "toro Ibérico" y la iglesia de Santiago. Subiendo, nuevamente, hacia el barrio catedralicio por la calle de Libreros, se llega a la plaza de fray Luis de León, una de las más relevantes de la ciudad, que está rodeada por la facha-

Salón de Sesiones del Ayuntamiento salmantino.

Calle Toro.

Campo de San Francisco. ▷

da de la Universidad, el patio de Escuelas, el Museo de la Ciudad y el Hospital de Estudio.

Continuando por la citada calle de Libreros se desemboca en la Clerecía y en la calle de la Compañía, en cuyo paseo se contempla la Universidad Pontificia, los palacios de don Diego Maldonado y de Solís y el magnífico recodo de San Benito, que rodea la iglesia del mismo nombre. Al final de esta grandiosa bajada, se abre a la vista el convento de las Agustinas Recoletas y la iglesia de la Purísima, con la bellísima plaza de Monterrey en la que se sitúa el palacio del mismo nombre.

A espaldas de esta plaza, y tomando la calle de Ramón y Cajal, se llega al Colegio de los Irlandeses, que queda a la izquierda, y al campo de San Fran-

cisco, situado a la derecha. Rodeando este jardín se encuentra el rincón de las Ursulas, con la figura del patriarca Fonseca, y la calle de Bordadores con las casas de las Muertes y de Unamuno. Siguiendo la mencionada calle se desembocará en la plaza de Santa Teresa. A continuación y a la derecha de la misma, se penetra en la plaza de los Bandos, que está rodeada de magníficos palacios como los de doña María la Brava o Garcigrande. Cerca de aquí se encuentra la plaza de San Boal. De la plaza de los Bandos sale la calle de Zamora, que nuevamente desemboca en la Plaza Mayor.

Tomando cualesquiera de las callejuelas que surgen de la plaza, como la calle de San Pablo, se podrá rodear la plaza del Mercado, y contemplar

SAN FRANCISCO DE ASIS

LOADO SEAS MI SEÑOR
POR TODAS LAS CRIATURAS

La Glorieta. Monumento al Toro de Lidia.

rincones tan interesantes como la plaza de Sexmeros o la moderna Gran Vía. Bajando por la calle de San Pablo, el visitante se encontrará con la plaza de Colón, en la que podrá admirar la torre del Clavero, para, finalmente, llegar a la plaza de Santo Domingo y visitar las Dueñas y el convento de San Esteban.

El centro urbano histórico de Salamanca aparece delimitado por los paseos de Canalejas, San Vicente, Carmelitas y avenida de Mirat, que han conservado en todo momento el color tradicional de la piedra. A partir de la circunvalación, se inició hace muchos años la expansión y construcción de una nueva Salamanca, que se caracteriza por los polígonos industriales y por las zonas residenciales. Los edificios de calles de Federico Anaya, Portugal, Torres Villarroel y la avenida de Italia, marcan las nuevas líneas arquitectónicas.

MUSEOS

Casa-Museo de Unamuno
(Calle de Libreros)

Este museo está integrado por objetos y escritos que pertenecieron al que fuera famoso rector de la Universidad salmantina, Miguel de Unamuno y Jugo, y ubicado en la casa en la que vivió durante varios años. El museo se acondicionó en 1952 y se abrió a la visita pública al año siguiente. En 1968 el Ministerio de Educación y Ciencia adquirió a los herederos de Unamuno los fondos expuestos y los vinculó a la Universidad. En 1977 la Casa-Museo fue reestructurada, acondicionándose un centro documental y bibliográfico sobre la obra unamuniana, que puede ser consultada por los investigadores.

Un lateral de la plaza de los Bandos.

Museo Diocesano
(Catedral Vieja, plaza de Anaya)

Fue creado por el Cabildo catedralicio el 15 de noviembre de 1950 con fondos procedentes de las catedrales y de otras iglesias de la diócesis. La inauguración oficial tuvo lugar el 15 de marzo de 1953. Los fondos están instalados en la sala capitular y dependencias anejas. Destacan: las salas dedicadas a la obra de Fernando Gallego, pintor salmantino, y su escuela; el "Tríptico", de Juan de Flandes; y las vitrinas que muestran una vírgen "abrideira" de marfil, algunos esmaltes de Limoges y restos de telas árabes, así como la orfebrería de la sacristía.

Museo de la Ciudad
(Antiguo palacio Episcopal, plaza de Juan XXIII)

Fue creado por la Comisión de Cultura del Ayuntamiento de Salamanca el 31 de octubre de 1979. Los fondos están integrados por objetos y docu-

*"Alto soto de
torre..."
Vista desde el
incomparable
huerto de
"Calixto y
Melibea".*

Panorámica del Parque Fluvial, situado a orillas del río Tormes.

Casa de Unamuno.

mentos relativos a la historia de la ciudad, que se hallaban en diferentes dependencias del Ayuntamiento. Se inauguró el 13 de enero de 1980 en la torre del Clavero, pero en 1986 las colecciones se trasladaron a su sede actual, que es un edificio que la diócesis de Salamanca ha cedido por 30 años al municipio salmantino.

Museo de Salamanca
(Plaza del Patio de Escuelas)

Este museo se creó el 25 de mayo de 1846 con bienes recogidos por la Comisión Provincial de Monumentos en la biblioteca de San Bartolomé. Se inauguró el 1 de octubre de 1848 en el Colegio de San Bartolomé. En 1864 las colecciones se trasladaron al convento de San Esteban, donde estuvo instalado el museo hasta 1936, año en el que se trasladó a las Escuelas Menores. De ahí, en 1949, pasó al palacio Abarca Maldonado, ubicado en la plaza del patio de Escuelas, que fue comprado por el Ministerio de Educación y

Tríptico de Santa Catalina, obra de Fernando Gallego.

Ciencia para este fin. Entre 1970 y 1974, el citado palacio sufrió una remodelación, y, mientras tanto, los fondos del museo se instalaron temporalmente en la Casa de las Conchas. El museo ha tenido tres denominaciones: primero, se llamó Museo Provincial de Bellas Artes; después, Museo de Bellas Artes de Salamanca; y, finalmente, Museo de Salamanca. Está integrado por tres secciones: arqueología, bellas artes y artes populares.

El palacio Abarca es un edificio del siglo XV que perteneció al doctor Alvarez Abarca, médico de Isabel la Católica. Las colecciones que integra están formadas por escultura de los siglos XVI y XVII, pintura que comprende desde el siglo XV hasta el siglo XX, artes decorativas como muebles y orfebrería, e interesantes restos arquitectónicos de edificios desaparecidos.

COSTUMBRES POPULARES, ARTESANIA Y GASTRONOMIA

Costumbres populares

El folklore salmantino gira en torno a la Semana Santa, con los tradicionales desfiles de las cofradías y la liturgia que se celebra en la capilla de la Univesidad durante estos días, que está revestida de una especial solemnidad.

También destacan las fiestas de San Juan de Sahagún, el 12 de junio, y de la Virgen de la Vega, patrona de Salamanca, el 8 de septiembre.

Las fiestas salmantinas se festejan con corridas de toros y con bailes (charradas), cuyo ritmo se marca

Durante unas horas, la bella Plaza Mayor se convirtió en coso taurino, para celebrar una corrida de toros, incluida en los actos del V Centenario.

siempre al son de dulzaina y tamboril, como la jota castellana, el "baile de la rosca" y, especialmente, el "baile del asentao", realizado con escasos movimientos de cintura para arriba, pero con gran vivacidad en los pies. Muchos de estos bailes se acompañan de cantos populares como las tonadas, rondas, cantos de boda y cantos de pasión.

La mayor parte de los espectáculos folklóricos y culturales tienen como marco la Plaza Mayor y las sedes universitarias. En otro orden de actividades no pueden olvidarse los ciclos musicales que se organizan, en cualquiera de las sedes citadas, o los ciclos de conferencias, exposiciones y congresos que eligen a la ciudad salmantina como lugar de celebración; recordemos las conmemoraciones hechas a la lengua castellana, y a figuras como Santa Teresa, fray Luis de León, Miguel de Unamuno (en

su cincuentenario) y tantos otros, que han servido para la reunión de importantes personalidades, y exhibición de interesantes fondos artísticos, bibliográficos y documentales. Es preciso añadir la celebración de los cursos de verano para nacionales y extranjeros en los que se dan cita jóvenes de diversas Universidades del mundo, que vienen a estudiar el castellano y otras materias.

Salamanca, tierra de toros, siente gran aprecio por todas las manifestaciones que se desarrollan en torno a este animal, su símbolo tradicional. Las ferias de ganado que se celebran en las afueras de la ciudad y en sus entornos, y las corridas que tienen lugar durante las fiestas patronales, son el claro indicio de esta afición tan arraigada.

Por encima de todo, hay que hablar del traje típico salmantino o traje charro, que se caracteriza por

Junto a las recias encinas del Campo Charro, toros bravos en actitud expectante.

ser uno de los más ricos de España. El del hombre consiste en pantalón de panilla lisa, estrecho y ajustado a la pierna, en la que también se embuten polainas con botones; el cuerpo está ceñido por una faja negra y una chaquetilla corta que deja ver el chaleco; los días de fiesta se exhiben las piezas bordadas con infinidad de colores y con botonadura de plata en vez de sencillo metal. La mujer lleva un manteo, mantillín de terciopelo y mandila con volantes de raso de colores, todo ello bordado con cientos de lentejuelas, oro y flecos dorados; los manguitos hacen juego con el traje; el peinado es con raya al medio y tres grandes moños trenzados de los que pende una mantilla de encaje sujeta por horquillas de plata; el atuendo se completa con ricos aderezos de oro como pendientes, sortijas, multitud de collares y broches. Aunque el traje

charro es el más importante y rico de la provincia, también tenemos que mencionar las variedades que presenta en diversas zonas de la misma, como los trajes de la Armuña o del llano, el serrano de la peña de Francia y de La Alberca, el serrano de Gredos o de Candelario, el de la Ribera y el del Rebollar.

Artesanía

La artesanía salmantina gira en torno a la llamada "filigrana charra", trabajada especialmente en la zona de Ciudad-Rodrigo y de la frontera portuguesa, pero que puede adquirirse en joyerías y tiendas de regalo de Salamanca. Se trata de un fino trabajo de orfebrería, bien en plata, bien en oro, que en sus orígenes se hacía para ornamentar el traje charro.

Actualmente abarca una variedad de objetos considerable, además de los botones charros y de los pendientes, collares, sortijas, pulseras y horquillas de moño, que normalmente acompañan al traje popular; destacan los llaveros, gemelos de camisa, broches y pasadores de corbata, y una enorme variedad de diseños en pendientes, gargantillas, sortijas, etc., que han creado una escuela de diseñadores en torno a la famosa orfebrería charra.

Otras labores relevantes son el trabajo del cuero, como la fabricación de botos para montar a caballo y todo tipo de guarnicionería; los cencerros para las reses bravas; los bordados serranos, como los de La Alberca; y algunos trabajos en cerámica, metal y mimbre, destinados, exclusivamente, a las labores del campo.

Gastronomía

La cocina salmantina se basa, esencialmente, en la carne. Por ello, el ganado y la caza constituyen el eje alimentario, al que hay que añadir las legumbres. Las especialidades giran en torno al embutido, como jamón, lomo y chorizo ibéricos; también hay que destacar el chorizo de Guijuelo y del Payo; la chanfaina, que es un rico guiso hecho con arroz, menudos de ave y cordero, y trozos de chorizo; el farinato, o embutido compuesto por manteca de cerdo, pan y pimentón, que se come acompañado de huevos fritos y es muy típico de Ciudad-Rodrigo; el hornazo, o empanada realizada con embutido de la tierra; el "calderillo", o guiso de cordero (se podría definir como la caldereta); el cordero asado y el tostón (cerdo pequeño, también asado), la lengua estofada, los morros y jetas de cerdo fritos, y la famosa sopa de ajo castellana, que aquí se adorna con el famoso embutido de jamón ibérico. También puede apreciarse la caza, que procede de las dehesas y de las zonas de bosque, como el corzo, jabalí, perdiz, cordorniz, etc., y la pesca, que procede de los ríos trucheros de la frontera y de la sierra.

Entre los caldos que se pueden saborear, destacan los vinos tintos de la sierra de Francia y los claretes de la Ribera del Duero. Muchos de los vinos que se beben en Salamanca se traen de Zamora y de Valladolid.

Los postres más apreciados son los quesos de Hinojosa del Duero, el bollo "maimón", los "chochos" o "altramuces", las almendras garrapiñadas de Santa Teresa, las roscas almendradas de Saucelle y las rosquillas de Ledesma.

Los restaurantes típicos se sitúan en el centro histórico de la ciudad, sin olvidar el barrio de la Universidad y las catedrales, o el barrio del mercado, a los que se puede ir de mesones para, además de comer o cenar, tomar los aperitivos de mediodía y las copas de la noche.

INDICE

Agradecemos a las Entidades y Personalidades de la Ciudad de Salamanca las facilidades prestadas a fin de llevar a término esta publicación.

Colección TODO EUROPA

#	Título	Español	Francés	Inglés	Alemán	Italiano	Catalán	Holandés	Sueco	Portugués	Japonés	Finlandés
1	ANDORRA	•										
2	LISBOA	•										
3	LONDRES	•										
4	BRUJAS	•										
5	PARIS	•										
6	MONACO	•										
7	VIENA	•										
11	VERDUN	•										
12	LA TORRE DE LONDRES	•										
13	AMBERES	•										
14	LA ABADIA DE WESTMINSTER	•										
15	ESCUELA ESPAÑOLA DE EQUITACION DE VIENA	•										
16	FATIMA	•										
17	CASTILLO DE WINDSOR	•										
19	LA COSTA AZUL	•										
22	BRUSELAS	•										
23	PALACIO DE SCHÖNBRUNN	•										
24	RUTA DEL VINO DE OPORTO	•										
26	PALACIO DE HOFBURG	•										
27	ALSACIA	•										
31	MALTA											
32	PERPIÑAN											
33	ESTRASBURGO		•									
34	MADEIRA + PORTO SANTO											
35	LA CERDANYA - CAPCIR											
36	BERLIN	•										

Colección ARTE EN ESPAÑA

#	Título	Español	Francés	Inglés	Alemán	Italiano	Catalán	Holandés	Sueco	Portugués	Japonés	Finlandés
1	PALAU DE LA MUSICA CATALANA	•		•			•					
2	GAUDI	•	•	•	•	•					•	
3	MUSEO DEL PRADO I (Pintura Española)	•	•	•	•	•					•	
4	MUSEO DEL PRADO II (Pintura Extranjera)	•	•	•	•	•						
5	MONASTERIO DE GUADALUPE	•										
6	CASTILLO DE XAVIER	•	•	•		•					•	
7	MUSEO DE BELLAS ARTES DE SEVILLA	•	•	•	•	•						
8	CASTILLOS DE ESPAÑA	•	•	•								
9	CATEDRALES DE ESPAÑA	•	•	•								
10	CATEDRAL DE GERONA	•	•	•								
14	PICASSO	•	•	•	•						•	
15	REALES ALCAZARES DE SEVILLA	•	•	•	•	•						
16	PALACIO REAL DE MADRID	•	•	•	•	•						
17	REAL MONASTERIO DE EL ESCORIAL	•	•	•	•	•						
18	VINOS DE CATALUÑA	•										
19	LA ALHAMBRA Y EL GENERALIFE	•	•	•	•							
20	GRANADA Y LA ALHAMBRA	•										
21	REAL SITIO DE ARANJUEZ	•	•	•	•	•						
22	REAL SITIO DE EL PARDO	•	•	•	•	•						
23	CASAS REALES	•	•	•								
24	PALACIO REAL DE SAN ILDEFONSO	•	•	•	•	•						
25	SANTA CRUZ DEL VALLE DE LOS CAIDOS	•	•	•	•	•						
26	EL PILAR DE ZARAGOZA	•	•	•		•						
27	TEMPLO DE LA SAGRADA FAMILIA	•	•	•	•	•	•					
28	ABADIA DE POBLET	•	•	•	•		•					

Colección TODO ESPAÑA

#	Título	Español	Francés	Inglés	Alemán	Italiano	Catalán	Holandés	Sueco	Portugués	Japonés	Finlandés
1	TODO MADRID	•	•	•	•	•					•	
2	TODO BARCELONA	•	•	•	•	•	•					
3	TODO SEVILLA	•	•	•	•	•					•	
4	TODO MALLORCA	•	•	•	•	•						
5	TODO LA COSTA BRAVA	•	•	•	•	•						
6	TODO MALAGA y su Costa del Sol	•	•	•	•	•		•				
7	TODO CANARIAS (Gran Canaria)	•	•	•	•	•		•	•			
8	TODO CORDOBA	•	•	•	•	•					•	
9	TODO GRANADA	•	•	•	•	•		•			•	
10	TODO VALENCIA	•	•	•	•	•						
11	TODO TOLEDO	•	•	•	•	•						
12	TODO SANTIAGO	•	•	•	•	•						
13	TODO IBIZA y Formentera	•	•	•	•	•						
14	TODO CADIZ y su Costa de la Luz	•	•	•	•	•						
15	TODO MONTSERRAT	•	•	•	•		•					
16	TODO SANTANDER y Cantabria	•		•								
17	TODO CANARIAS (Tenerife)	•	•	•	•	•		•	•		•	•
20	TODO BURGOS	•	•	•	•	•						
21	TODO ALICANTE y Costa Blanca	•	•	•	•	•						
22	TODO NAVARRA	•	•	•								
23	TODO LERIDA	•	•	•			•					
24	TODO SEGOVIA	•	•	•								
25	TODO ZARAGOZA	•	•	•								
26	TODO SALAMANCA	•	•	•	•				•			
27	TODO AVILA	•	•	•								
28	TODO MENORCA	•	•	•								
29	TODO SAN SEBASTIAN y Guipúzcoa	•										
30	TODO ASTURIAS	•		•								
31	TODO LA CORUÑA y Rías Altas	•	•	•								
32	TODO TARRAGONA	•	•	•								
33	TODO MURCIA	•	•	•								
34	TODO VALLADOLID	•	•	•								
35	TODO GIRONA	•		•								
36	TODO HUESCA	•	•	•								
37	TODO JAEN	•	•	•								
38	TODO ALMERIA	•	•	•								
40	TODO CUENCA	•	•	•								
41	TODO LEON	•	•	•								
42	TODO PONTEVEDRA, VIGO y Rías Bajas	•	•	•	•	•						
43	TODO RONDA	•	•	•								
44	TODO SORIA	•										
46	TODO EXTREMADURA	•										
47	TODO ANDALUCIA	•	•	•	•	•						
52	TODO MORELLA	•	•	•			•					

Colección TODO AMERICA

#	Título	Español	Francés	Inglés	Alemán	Italiano	Catalán	Holandés	Sueco	Portugués	Japonés	Finlandés
1	PUERTO RICO	•		•								
2	SANTO DOMINGO	•		•								
3	QUEBEC			•	•							
4	COSTA RICA	•		•								
5	CARACAS	•		•								

Colección TODO AFRICA

#	Título	Español	Francés	Inglés	Alemán	Italiano	Catalán	Holandés	Sueco	Portugués	Japonés	Finlandés
1	MARRUECOS	•	•	•	•	•						
2	EL SUR DE MARRUECOS	•	•	•	•	•						
3	TUNICIA		•	•	•							
4	RWANDA		•									

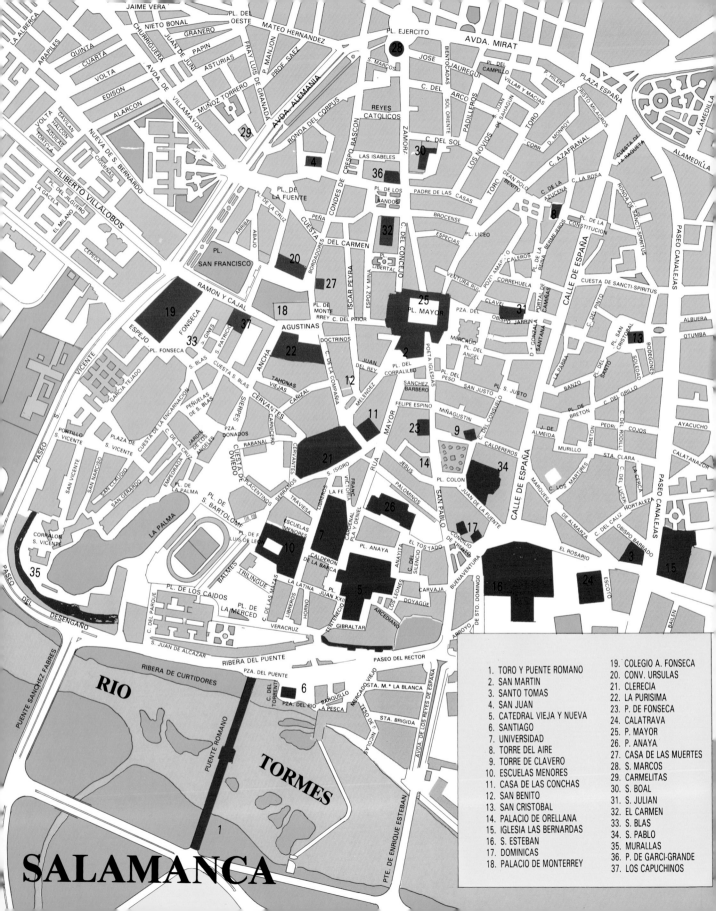

SALAMANCA

RIO TORMES

1. TORO Y PUENTE ROMANO
2. SAN MARTIN
3. SANTO TOMAS
4. SAN JUAN
5. CATEDRAL VIEJA Y NUEVA
6. SANTIAGO
7. UNIVERSIDAD
8. TORRE DEL AIRE
9. TORRE DE CLAVERO
10. ESCUELAS MENORES
11. CASA DE LAS CONCHAS
12. SAN BENITO
13. SAN CRISTOBAL
14. PALACIO DE ORELLANA
15. IGLESIA LAS BERNARDAS
16. S. ESTEBAN
17. DOMINICAS
18. PALACIO DE MONTERREY

19. COLEGIO A. FONSECA
20. CONV. URSULAS
21. CLERECIA
22. LA PURISIMA
23. P. DE FONSECA
24. CALATRAVA
25. P. MAYOR
26. P. ANAYA
27. CASA DE LAS MUERTES
28. S. MARCOS
29. CARMELITAS
30. S. BOAL
31. S. JULIAN
32. EL CARMEN
33. S. BLAS
34. S. PABLO
35. MURALLAS
36. P. DE GARCI-GRANDE
37. LOS CAPUCHINOS